AF268035

LA VÉRITABLE

CONSPIRATION DÉVOILÉE.

DE L'IMPRIMERIE DE Mme Ve JEUNEHOMME,

RUE HAUTEFEUILLE, N° 20.

LA VERITABLE

CONSPIRATION DÉVOILÉE,

OU

RÉFLEXIONS SUR UN OUVRAGE

DE M. DE CHATEAUBRIANT,

PAIR DE FRANCE, CHEVALIER DE SAINT-LOUIS, etc.

Par un Ami de le Monarchie constitutionnelle.

Si un homme jette une pierre en haut
elle retombera sur sa tête.....

ECCLESIAS. *chap.* 27 § 28.

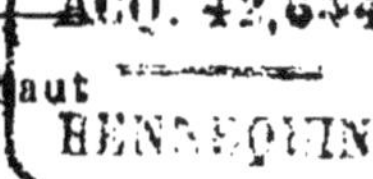

PARIS,

CHEZ { L'HUILLIER, Libraire, rue Serpente, n° 16;
{ DELAUNAY, Libraire, au Palais Royal.

1816.

AVERTISSEMENT.

Qu'on ne s'attende point à lire une discussion méthodique; il est impossible de suivre pas à pas la marche de M. de Chateaubriant.

Je laisserai le pair de France discuter les changemens qu'il faut faire à la Charte, quoique le Roi ait déclaré qu'elle serait maintenue telle qu'elle est sortie de sa pensée.

J'essayerai seulement de rendre aux mots dont on abuse leur véritable sens, et de montrer quels sont les vrais intérêts de la nation, que M. de Chateaubriant a constamment méconnus.

Nota. *Tout ce qui est souligné est mot à mot dans l'Ouvrage de M. de Chateaubriant.*

LA VÉRITABLE
CONSPIRATION DÉVOILÉE.

CHAPITRE Ier.

Le Roi, la Charte et les honnêtes gens.

Le Roi, la Charte et les honnêtes gens. Telle est l'épigraphe ; tel est le résumé de *la monarchie avec la Charte.*

On a beau dire qu'il s'agit des institutions et non des hommes....... on ne veut point de la Charte sans *les honnêtes gens*

Qu'est-ce donc que *les honnêtes gens ?* M. de Châteaubriant ne le dit point ; il le laisse deviner. S'il avait défini ces mots comme il les entend, il aurait fait voir le petit nombre des vrais élus, et son but était, au contraire, de faire constamment illusion à cet égard.

Avant de révéler toute la pensée de M. de Châteaubriant, et d'expliquer aux lecteurs ce qu'il entend par la qualification *d'honnêtes gens*, il est dans la langue du noble pair d'autres expressions qu'il faut éclaircir.

CHAPITRE II.

Royalistes.

J'AVAIS cru jusqu'à présent qu'il suffisait, pour être royaliste, d'aimer le Roi et la Charte ; j'étais dans l'erreur.

(Préface, p. 4.) *Le mot de* royaliste, *dans cet ouvrage*, dit M. de Ch......, *est pris dans un sens très étendu. Il embrasse tous les roya-listes, quelque soit la nuance de leurs opinions, pourvu que ces opinions ne soient pas dictées par les intéréts révolutionnaires.*

Cette phrase est la clé de tout l'ouvrage. On trouvera partout des généralités détruites par des exceptions calculées.

Ainsi, ce n'est pas être royalistes que d'aimer le Roi, qui, par la Charte, a garanti les intérêts de la révolution.

Il faut, pour être bon royaliste, détester les intérêts révolutionnaires, c'est-à-dire, aller contre la volonté du Roi, contre la Charte.

Est-ce là le langage d'un pair, d'un citoyen, d'un sujet ?

CHAPITRE III.

Des différentes espèces de Royalistes.

Je viens de dire que M. de Châteaubriant était tout exception. En effet, d'après sa manière de voir, il n'y a pas cent royalistes en France que l'on puisse employer.

(Page 74.) *Celui-ci a été fidèle au Roi toute sa vie, mais il est ambitieux ; il n'a point de fortune, il a besoin de place ; il a vu la faveur aller à une certaine opinion, et il s'est jeté de côté.*

Cette faveur, cette opinion dont on parle ici, sont nécessairement la faveur, l'opinion du Roi ; et il est assez curieux de remarquer que les hommes qui se regardent comme les meilleurs royalistes, accusent ceux qui suivent l'opinion du monarque.

(Ibid.) *Celui-là est attaché aux Bourbons, il les a servis, les servirait encore, mais il veut la liberté et les résultats politiques de la révolution : ce n'est point un homme à employer,*

car il veut ce que son Roi a consacré, les résultats politiques de la révolution.

Que faut-il donc, je le répète, pour être
un parfait royaliste, digne de la confiance du
monarque et de la nation ?

Le bon sens et le respect dus à l'autorité
royale avaient dicté cette phrase, *il ne faut
pas être plus royaliste que le Roi.* Eh bien,
M. de Châteaubriant trouve encore ici à re-
prendre..... Cette opinion, dit-il, est la cause
de nos malheurs.

Faut-il donc, pour être royaliste, passer les
bornes prescrites par la raison, s'ériger en
juge des opinions du Roi?...

Parlez, M. le vicomte, vous le paladin, le
tenant du royalisme le plus pur, pourquoi
voulez-vous toujours, en prêchant le respect
dû à l'autorité royale, diminuer de la défé-
rence qu'on doit avoir pour les opinions du
Roi ?

CHAPITRE IV.

La Charte est la fille de nos crimes et de nos malheurs.

La monarchie constitutionnelle est basée sur le respect dû à la Charte et au Roi.

La Charte est sactionnée par le Roi ; bien plus, elle est l'œuvre du Roi.

La Charte et le Roi sont donc tellement unis, qu'on ne peut les séparer sans les attaquer. Comment donc M. de Châteaubriant a-t-il pu dire (page 80) : *Jusqu'à ce moment (celui où le clergé consacrera la Charte), la Charte manquera de sanction aux yeux de la foule; la liberté qui ne nous viendra pas du ciel, nous semblera toujours l'ouvrage de la révolution, et nous ne nous attacherons point à la fille de nos crimes et de nos malheurs.*

Mais la religion pourra-t-elle jamais consacrer la fille de nos crimes? Non, ce serait un sacrilége! Donc la liberté avec la Charte ne peut nous venir du ciel; donc la Charte ne peut subsister.

D'un autre côté, la Charte étant l'œuvre du Roi, le Roi aurait donc sanctionné nos crimes et nos malheurs!...

Je le demande à tout homme de bonne foi, la phrase que je viens de citer ne se traduit-elle pas ainsi : « Le Roi a sanctionné un » acte abominable, qui le sera jamais par le » ciel; donc...... » Mais ma plume se refuse à tracer la conclusion; je ne suis pas digne d'être compté parmi les *honnêtes gens* de M. le vicomte.

CHAPITRE V.

De la Prérogative royale.

Qu'un républicain jaloux d'une liberté sans limites, veuille resserrer dans d'étroites bornes la puissance du monarque, cherche à diminuer de la prérogative royale, je le conçois.

Mais que sous le prétexte de l'inviolabilité du souverain, un noble chevalier ne laisse au

Roi qu'un vain nom, c'est ce qu'il est impossible de comprendre.

Qu'est-ce qu'un Roi dont rien ne procède
directement? Le ministère n'est-il pas l'œuvre
du Roi? Le Roi ne peut-il pas briser cet ins-
trument, dès qu'il ne marche pas suivant ses
intentions? Tout ce que fait le ministère n'é-
mane-t-il pas de la volonté du monarque?...

CHAPITRE VI.

De la responsabilité du Ministère.

De ce que les ministres sont responsables,
s'en suit-il qu'ils doivent agir d'après eux, et
non d'après la volonté du Roi?

Comment, dès qu'un ministre dirait, je suis
responsable, le Roi devrait se taire, et laisser
le ministre faire à son gré.

Oui, les ministres sont responsables, mais
seulement de l'exécution des lois et des ordres
du monarque.

L'illustre pair tient ici le même langage que

Chrysale dans *les Femmes savantes*; n'òsant parler au Roi, il gronde les ministres :

> » Je vous le dis ma sœur tout ce train là me blesse :
> » Car c'est comme j'ai dit, à vous que je m'adresse,

CHAPITRE VII.

Les reproches des orateurs ne s'adressent jamais au Roi.

(Page 3.) *LE plus franc royaliste, peut sans témérité écarter le bouclier sacré qu'on lui oppose , et aller droit au ministre. Il ne s'agit que de ce dernier, jamais du Roi.*

Vous admettez donc que les ministres vont contre la volonté du Roi.

Dans ce cas c'est supposer un fantôme de Roi, qui se laisse conduire aveuglément, ou qui n'a pas la force de chasser des ministres qui le gouvernent.

Sinon vous attaquez la volonté du Roi ! Choisissez ?...

Expliquez vous enfin. Que voulez-vous ?

La monarchie... avec l'ancien régime ; la soumission aux volontés du Roi doit être entière, puisque cette volonté est la loi !... avec la monarchie constitutionelle ; ce respect doit être le même puisque le Roi ne veut que la loi, et qu'avec la loi.

CHAPITRE VIII.

Question.

Plus on avance dans la lecture de l'ouvrage de M. de Chateaubriant, plus on s'étonne qu'il ait livré à la presse des opinions aussi incendiaires, ne pouvait-il avertir le Roi sans mettre la France en rumeur ?

Avant de tirer ainsi le canon d'alarme, a-t-il cherché à éclairer un prince qui le comble de faveurs ?..

(Pref.) *Il n'a que ce moyen*, dit-il, *d'avertir le Roi et la Nation.* Quoi si un ministre s'égare ou trahit, si l'état est menacé, un pair, un ministre d'état, un chevalier de Saint-Louis, n'a d'autre voie qu'une publicité scandaleuse pour avertir le monarque.

Avant de publier ainsi ses opinions, il fallait avoir été vingt fois repoussé et qu'un péril imminent menacât la patrie !..

CHAPITRE IX.

Invectives contre les ministres.

Un homme, probe, courageux, éloquent résista à la tirannie. Il fut des premiers, à reconnaître l'autorité duRoi.

Défenseur intrépide, du monarque et des principes constitutionels; il a toujours été sur la brèche. Placé à la tête d'une assemblée tumultueuse il a su maintenir l'ordre et la décence qu'on oubliait.

Il a parlé le langage de la raison, il a prêché la modération, le respect au Roi et à la Charte. Dès cet instant il est devenu suspect aux forcenés dont il fut l'idole.

Il n'est sorte d'humiliations qu'on n'ait essayé de lui faireéprouver. L'envie d'être utile à la patrie, le respect pour la volonté du Roi, l'ont seuls aidé à supporter les dégoûts dont on voulait l'abreuver.

Pour récompenser son dévoûement, pour honorer sa modération, pour utiliser ses talens le Roi l'a nommé ministre, sur que cet homme inébranlable dans le danger, serait juste et constitutionnel dans le péril.

Dès cet instant cet homme déjà suspect est devenu traître. Il était habile il y a un an, aujourd'hui à peine lui accorde-t-on le sens commun; il fut courageux jusqu'à la témérité, aujourd'hui il est faible et pusillanime.

Pourquoi cela. (1) « qui veut être modéré » parmi des furieux s'expose à leur furie; et » je comprends que dans un déchaînement » pareil, il faut hurler avec les loups, ou ris- » quer d'en être dévoré. »

____

(1) J. J. Lettre à M. de Châteaubriant.

CHAPITRE X.

*Quand on injurie les ministres, le gouverne-
ment s'en va.*

(Page 32.) *Si c'est garder sa place que de re-
cevoir tous les jours des humiliations, que de
s'entendre dire les choses les plus désagréa-
bles, tout ce que je sais alors, c'est que le
ministre reste et que le gouvernement s'en va.*

Quoi, le gouvernement s'en va, parce que
les ministres supportent avec patience les injures de quelques furieux ?

Non, et M. de Châteaubriant a répondu
d'avance (Page 30.) « *Si l'on dit quelque chose
de dur d'un ministre à la tribune, il ne faut
pas s'imaginer que l'État est en danger.*»

Comment peut-on se contredire ainsi ?
Alors que l'esprit de parti tourmente, il est
difficile de savoir ce qu'on dit, de dire ce
qu'on veut, et de ne pas laisser voir que la
raison manque là où l'on déguise la vérité.

CHAPITRE XI.

Comment quelques hommes voudraient que le ministre agit ?

———

Les ministres seraient dignes d'éloges, si oubliant qu'ils sont les hommes du Roi, ils consentaient à suivre la direction mobile et variée des esprits inquiets et factieux de quelques membres de telle ou telle chambre, au lieu de marcher dans la route invariable que leur trace la loi.

Une minorité ambitieuse voudrait nous ramener les beaux temps du servage et de la glèbe. Elle insulte aux ministres pour saper la puissance royale. Elle entend par monarchie constitutionnelle celle où le Roi ne serait que le président des grands feudataires.

Une personne connue par son esprit, disait dernièrement à un de ces prétendus *honnêtes gens* « mon cher, vous êtes trop aristocrate » pour être royaliste. »

CHAPITRE XII.

Il existe une conspiration tendant à renverser la monarchie constitutionnelle.

Certes il y a une conspiration qui tend à détruire la monarchie constitutionnelle, mais c'est pour établir sur ses ruines, le régime féodal et les intérêts de quelques particuliers.

Ces ambitieux sont en petit nombre? Ils n'en sont que plus audacieux.

Ce n'est rien pour eux d'être membres du 1ᵉʳ corps de l'Etat; ils veulent encore être juges souverains dans leurs terres.

« Quelle honte pour nous, disent-ils, de
» n'être dans nos châteaux que les égaux et
» souvent les inférieurs des membres de la
» chambre des députés plus riches, plus utiles,
» plus considérés que nous!

» Nous sommes les intermédiaires entre le
» Roi et la nation; ils ne peuvent rien sans nous,
» ils ne pourront rien sans nos enfans.... Nous
» sommes leurs juges héréditaires.

» Mais que sont des juges sans pouvoir?

» Créons-nous donc une puissance indépen-
» dante du Roi et de la nation.

» Pour cela disons au Roi que le peuple veut
» restreindre son autorité; que la chambre
» des députés est trop riche par rapport à la
» chambre des pairs.

» Divisons les intérêts révolutionnaires en
» deux sortes, quoique cette distinction soit
» absurde.

» Crions qu'il faut respecter les *intérêts ma-*
» *tériels* pour rassurer la conscience d'un mo-
» narque fidèle à sa parole; allarmons sa re-
» ligion, en disant que les intérêts moraux
» sont la subversion de tout ordre social. »

CHAPITRE XIII.

Pourquoi on veut rendre au clergé les biens
non aliénés et la tenue des actes civils.

« Disons que la religion est perdue, parlons
» sans cesse de la relever; non pour elle, dont
» nous ne nous soucions guères, mais pour ré-

» tablir l'ascendant des prêtres qui , nous de-
» vant des richesses, marcheront dans la route
» tracée par notre commun intérêt.

» Demandons des mesures violentes pour
» avoir occasion de nous plaindre de leur
» exécution.

» Dans les provinces, crions à l'oppression;
» appitoyons-nous sur des rigueurs que nous
» avons demandées à grands cris, et si le peuple
» souffre , disons-lui que les ministres sont les
» causes de ses souffrances. Ce peuple aveu-
» glé s'habituera peu à peu à nous regarder
» comme ses vrais défenseurs , et viendra près
» de nous chercher un refuge contre l'autorité
» royale, qu'il confondra avec les rejetons
» d'obscurs novateurs que nous aurons nous-
» mêmes excités.

» Malheureusement nous vivons dans un
» siècle éclairé, sous un Roi ferme, ami du
» peuple et d'une sage liberté. Mais les ma-
» ximes que nous aurons semées germeront;
» nos enfans hériteront des sentimens de leurs
» pères. Ils voudront la toute puissance pour
» eux , l'esclavage pour le peuple ; et les pré-
» tentions de l'aristocratie devenue de nou-
» veau un corps formidable, lutteront ouver-
» tement contre l'autorité royale. »

Voilà dans tout leur jour les prétentions ca-
chées de ces hommes qui se disent les soutiens
du trône : de ces royalistes chevaliers, qui ne
sont au fond que d'orgueilleux patriciens ; qui
veulent séparer le Roi du peuple ; qui veulent
rétablir le clergé au profit de leur ambition ;
qui enfin, en publiant des écrits si dangereux,
si attentatoires au respect qu'ils doivent à leur
prince, autoriseraient à penser qu'ils ne veulent de la publicité dans leurs séances, que
« pour *faire admirer cette éloquence, compa-*
» *gne des séditions, pleine de désobéissance,*
» *téméraire et arrogante, n'étant à tolérer aux*
» *Etats bien constitués.* »

Bien différens des sénateurs de Rome dont
Bossuet dit : « Le Saint-Esprit n'a pas dédai-
» gné dans le livre des Machabées, de louer
» la haute prudence de cette sage compagnie,
» où personne ne se donnait de l'autorité que
» par la raison, et dont tous les membre cons-
» piraient à l'utilité publique *sans partialité*
» *et sans jalousie.* »

CHAPITRE XIV.

Développement du chapitre précédent.

On a rendu aux particuliers les biens non aliénés; donc il faut rendre au clergé les biens non vendus.

A qui les rendrez-vous, ces biens? à un corps jaloux par nature, aux directeurs des consciences, aux maîtres des volontés des mourans, qui ne tarderont point à augmenter d'une manière dangereuse pour l'Etat le nouveau patrimoine que vous leur aurez créé.

Dans cette question politique, je ne vous parle point des besoins de la patrie, des nécessités du peuple, qui auraient dû cependant être prises en considération par un pair de France; je veux bien, comme vous, ne m'occuper en ce moment que du clergé: vous citez celui de la Grande-Bretagne, dont le Roi est le chef absolu, et vous oubliez que vous parlez dans un pays où le clergé a long-temps balancé d'une manière si téméraire l'autorité des rois, et foulé aux pieds les intérêts de la nation,

(Page 81.) *Les registres civils sont,* dites-vous, *un catalogue d'esclaves pour la loi, de conscrits pour la mort. L'église, au contraire, apprend à l'homme que ses premiers devoirs sont ceux de la religion.*

On fait grâce à l'écrivain politique de ces mots étonnés de se trouver ensemble, et qu'il faut reléguer dans l'un de ses romans mythologiques et religieux.

Conscrits pour la mort ! C'est l'idée la plus bisarre qui ait jamais pu passer dans la tête du père d'Atala.

Au reste, n'allez pas nous accuser d'irréligion ; n'allez pas dire que ne voulons pas d'autels.... Nous voulons la religion de Jésus-Christ, qui prêche le renoncement à soi-même, l'obéissance aux princes de la terre.

Nous voulons des prêtres honorablement payés par l'État, pour remplir des devoirs sacrés, et non pas de fastueux propriétaires, qui s'engraissent, comme autrefois, dans l'oisiveté ; qui, n'ayant point de famille, se fassent des intérêts différens de ceux des autres citoyens, et enfin qui corrompent, par l'amour des choses du monde, la pureté des principes qu'ils doivent répandre par la parole et surtout par l'exemple.

CHAPITRE XV.

Le Clergé n'aime pas la monarchie constitutionnelle, et c'est pour l'y attacher qu'il faut lui rendre les richesses et la puissance.

Vous voulez rendre le clergé indépendant; c'est-à-dire, vous voulez créer dans l'État un corps qui ne soit point soumis aux lois.

Déjà vous criez à l'impiété, parce qu'un prêtre a été traduit au tribunal civil. Vous le rayez donc de la liste des citoyens, qui tous sont sujets de la loi.

Vous voulez que les membres du clergé ne soient point soumis aux lois de l'État! Vous avez donc oublié ces paroles de Salomon :
« Quiconque détourne l'oreille pour ne point
» écouter la loi, sa prière même sera exé
» crable. ».

Mais j'ai tort de presser ainsi l'illustre pair;

ses intentions sont les plus pures, ses vues les plus judicieuses du monde. Par cette concession, il veut engager le clergé à aimer la monarchie et la Charte.

(Page 81.) *Le Clergé*, dit-il, *devenu propriétaire, s'intéressera à la propriété commune, et cet acte de justice l'attachera au Gouvernement.*

Donc maintenant le clergé ne s'intéresse point à la prospérité de l'État, et n'est point attaché au Roi. Ce n'est point moi qui tire cette conséquence ; elle est toute entière dans l'écrit de M. de Ch...., auquel je renvoie le lecteur.

(Ibid.) *Je ne doute point*, ajoute-t-il, *que le clergé, tenant au sol de la France par la propriété des églises, prenant une part active à nos institutions civiles et politiques, ne fournit en même temps une classe de citoyens aussi dévoués que nous-mêmes à la Charte.*

C'est-à-dire, encore une fois, qu'aujourd'hui le clergé n'est point dévoué à la Charte.

De bonne foi, le pensez-vous, M. le vicomte ? pensez-vous que si des hommes, dont tous les sentimens sont sains et infaillibles, n'aiment point une chose aujourd'hui, certainement pour des motifs tous spirituels, pensez-vous, dis-je, que ces hommes aimeront demain, à cause d'un vil intérèt, ce qu'ils ont maudit hier.

Laissez les ministres de l'Évangile cultiver en paix la vigne du Seigneur. Ne les calomniez pas, en disant qu'ils ont besoin de richesses pour aimer le Roi et la Patrie.

Ne cherchez pas à pénétrer les voies impénétrables de la providence.

« Qui d'entre vous a assisté au conseil de
» Dieu, qui l'a vu et qui a entendu ce qu'il
» a dit :

» Je viens aux prophètes, dit le Seigneur,
» qui ont des visions de mensonges, qui les
» racontent à mon peuple, et qui le séduisent
» par leurs mensonges et leur témérité, quoi-
» que je ne les aie point euvoyés, et que je ne
» leur aie donné aucun ordre.

» Si ce peuple ou un prophète, ou un
» prêtre, vous interroge et vous dit : quel est
» le fardeau du Seigneur? vous lui direz,
» c'est vous-même qui êtes le fardeau du Sei-
» gneur (1). »

_____

(1) Jérémie, Ch. 23, § 18, 32, 33.

CHAPITRE XVI.

Des intéréts révolutionnaires.

On veut détruire les intérêts révolutionnaires, c'est-à-dire ceux des quatre-vingt-dix-neuf centièmes de la nation.

Pour cela, on a commencé par les diviser en deux classes.

Avant d'examiner ce que cette distinction a d'absurde, il est bon de remarquer que ce nom *d'intéréts révolutionnaires*, n'est pas le mot propre, et M. de Châteaubriant le sait parfaitement ; mais il fallait un nom qui prêtât aux déclamations furibondes, et pour la foule, *intéréts révolutionnaires* et *intéréts des révolutionnaires* sont synonimes.

Cependant l'illustre pair convient que l'on ne peut revenir à l'ancien régime ; que l'esprit du temps, l'impulsion du siècle s'y opposent.

Qu'est-ce qui a produit cette manière de voir générale, qui nous a fait vieillir de deux siècles en trente ans, si ce n'est la révolution? Vous défendez donc les fins de la révolution, et ce sont ces fins que vous confondez avec les *intéréts révolutionnaires*.

Ainsi, d'après vous-même, la monarchie constitutionnelle est un ouvrage de la révolution, puisque l'on ne peut aujourd'hui, c'est-à-dire après la révolution, ramener les choses à l'état où elles étaient il y a trente ans.

Qu'avons-nous appris durant vingt-cinq ans de troubles? à redouter les vengeances; à chercher un repos qui ne soit pas la mort, une liberté sans licence. Nous voulons le calme après l'orage; l'oubli du passé; le règne de la loi; la tolérance religieuse, enfin la monarchie constitutionnelle?

Voilà ce que vous appelez *intéréts révolutionnaires et renfermons-nous dans les faits. Que chacun de nous se rappelle les départemens, les villes, les villages, les hameaux où il peut avoir des relations, des intéréts de famille ou d'amitié; dans tous les lieux il lui sera facile de compter que la grande majorité de la nation*, défend, veut le maintien de ces intérêts révolutionnaires.

Ma conclusion est différente de la vôtre,

mais j'en appelle aux gens de bonne foi; qui de nous deux a raison?

CHAPITRE XVII.

Il ne faut pas confondre les intérêts révolution-naires et les principes révolutionnaires.

Certes, il y a peu de gens en France qui voudraient maintenant nous ramener aux principes exagérés qu'on prêchait dans le fort de la révolution.

Nous nous sommes instruits aux leçons de l'expérience et les partisans de l'égalité absolue sont aussi peu nombreux et seraient aussi peu conséquens que ceux qui voudraient rétablir l'ancien régime.

Mais les intérêts révolutionnaires ne sont pas les principes révolutionnaires, c'est ce à quoi il faut faire attention, si l'on ne veut tomber dans la même erreur que M. de Château-briant.

En effet, admettons avec lui que les principes révolutionnaires sont subversifs de tout ordre social ; il faut les proscrire à jamais.

Mais j'ai prouvé que les intérêts révolutionnaires tendaient à maintenir l'ordre actuel, en oubliant ; le passé donc on peut agir en suivant les intérêts révolutionnaires, sans admettre les principes révolutionnaires.

Ceci est si vrai, que je connais beaucoup d'émigrés de bonne foi, qui chérissent la monarchie avec la Charte, suite nécessaire de la révolution, et qui n'existe que par le maintien des intérêts révolutionnaires ; et cependant ces émigrés détestent les principes révolutionnaires.

CHAPITRE XVIII.

Tout en accordant le maintien des intérêts matériels on se prépare les moyens de les attaquer un jour.

La Charte dites-vous a reconnu la vente des bien nationaux pour ne pas amener de nouveaux troubles.

Non, ce n'est point pour ne pas exciter de nouveaux troubles que la Charte a garanti cette vente; c'est parce qu'il aurait été de toute injustice de revenir sur les transactions faites par les particuliers en vertu de la loi.

Si cette garantie eut été une injustice, le Roi ne l'aurait point sanctionnée; le Roi n'a point acheté la couronne par des cessions forcées, comme vous voudriez bien le faire croire, afin de pouvoir un jour revenir sur des actes émanés de la pleine liberté du monarque.

Le Roi a donné la Charte à la nation, après y avoir réfléchi; il l'a librement consentie. Elever des doutes sur les intentions du Roi, c'est vouloir exciter la guerre civile, ébranler le respect dû à la majesté royale; c'est un crime de lèse-majesté.

CHAPITRE XIX.

Que les intérêts matériels révolutionnaires ne peuvent subsister sans *les intérêts nouveaux.*

Vous défendez les voies de fait contre les acquéreurs des domaines nationaux, et vous dites que ce sont des voleurs et des malhonnêtes gens. Par ce langage ne provoquez-vous pas les voies de fait ?

Pouvez-vous laisser subsister ce qui est impie et abominable ?..

Vous sera-t-il possible de vivre en paix avec des gens que vous regardez comme coupables ?..

Les aimer serait manquer à la vertu et à l'honneur ; ce serait insulter Dieu qui les réprouve ! Il faut les forcer à restituer ou les punir s'ils refusent.

Vous défendez les voies de fait. Mais chez

le peuple le plus sensible à l'injure, vous avilissez ceux qui vivent à l'abri des lois que vous avez consenties.

Il fallait ne point accepter ces lois, ou maintenant il ne faut point en ébranler les fondemens.

CHAPITRE XX.

Résumé des chapitres précédens.—Diviser les intérêts révolutionnaires c'est les anéantir.

Les intérêts révolutionnaires ne sont pas les principes révolutionnaires.

Les intérêts révolutionnaires ne sont pas les intérêts des révolutionnaires.

Ces intérêts révolutionnaires sont les fins de la révolution. Ce sont les bases nécessaires de la Charte et de la monarchie constitutionnelle.

Il est donc absurde de les diviser, et d'admettre les uns et non les autres.

CHAPITRE XXI.

De quel côté se trouveraient, l'habileté, la justice, la force?

Si l'on se rappelle ce que j'ai dit plus haut. (ch. xii) On voit pourquoi quelques ambitieux veulent revenir sur la Charte.

En mettant en doute les *intérêts révolutionnaires*, on fait un acte de factieux, mais d'un autre côté c'est un coup de parti.

C'est un acte de factieux. Car c'est effrayer tous les acquéreurs de domaines nationaux, c'est enhardir par l'espoir du changement une foule de gens qui, n'ayant rien à risquer, ont tout à gagner et rien à perdre.

C'est mettre la division parmi les citoyens, la méfiance dans toutes les classes de la société : c'est enfin mettre les armes à la main à tous les partis.

Mais d'un autre côté, en excitant ainsi la guerre civile, c'est placer le Roi dans la nécessité de sévir.... peut être même ces ambitieux espèrent-ils que dans les troubles et les malheurs d'une guerre civile, il leur serait facile d'obtenir l'investiture de titres, de charges, de principautés... Enfin l'abolition de la Charte.

Mais qu'ils y réfléchissent murement!...

Le Roi veut régner.

Le peuple veut la tranquillité et tout ce que la Charte promet.

S'ils mettaient jamais les armes à la main, on verrait de quel côté se trouverait *la raison, la justice et la force.*

CHAPITRE XXII.

Épurations, cathégories...

D'après l'opinion d'un certain parti, quels sont le hommes dignes au jourd'hui d'occuper une place ?..

Ceux qui n'ont pris aucune part à la révolution, ceux enfin qui sont tout à fait étrangers aux intérêts révolutionnaires....

Je connais la femme d'un président d'un tribunal de première instance, qui pense absolument comme M. de Châteaubriant; c'est le digne élève de M. deS.....y, un des missionnaires de l'ordre. Je lui ai entendu dire qu'il fallait renvoyer tous ceux qui ont servi non seulement dans les cent jours, mais depuis vingt ans. Elle pardonnait tout au plus à ceux qui ne savent pas lire ; pour ceux qui ont un peu d'éducation, elle affirmait qu'ils ne pouvaient jamais être bons royalistes.

Son mari était juge de paix de puis quinze ans. Il l'a été dans les trois mois. Il a signé l'acte additionnel, qu'a-t-il fait pour être placé depuis le deuxième retour du Roi?

Il y a donc différentes espèces d'hommes parmi ceux qui ont servi la révolution.

Mais ces cathégories sont difficiles à ranger dans un ordre raisonnable et juste. Je n'en citerai pour exemple que celles faites par le ministre de la guerre pour les officiers de l'armée.

Que de peines on s'est donné pour être juste ! et cependant que d'injustices on a commises malgré soi, tant il est mal aisé de classer exactement un officier !

(Pages 57, 58.) Ici M. de Châteaubriant est de bonne foi; il aurait voulu qu'on renvoyât tout le monde pour ne point faire de jaloux.

Quelle manière plus simple de détruire en un jour toute la machine administrative ! Quel bon moyen de créer des partisans à la Charte;

Pensez à cela employés de toutes les administrations ! il faut que vous mouriez de faim si vous avez servi un seul jour dans le sens des intérêts révolutionnaires.

CHAPITRE XXIII.

Résultat de ces opinions exagérées.

On dit que dans le temps de la terreur un homme était proscrit, comme soupçonné d'être suspect.

J'ai habité une province tout l'hiver dernier et j'ai vu les esprits aussi exaspérés que sous la terreur.

J'ai vu un homme destitué pour avoir donné asile à son frère, officier licencié et qui en vertu des ordres du ministre devait cependant se retirer dans ses foyers.

J'ai entendu dire à une femme naturellement bonne, qu'il aurait fallu égorger toute l'armée de la Loire.

Quelle femme en a dit d'avantage dans le temps révolutionnaire?

J'ai entendu un sous préfet monté sur les marches de l'autel, faire un long discours; pendant le service divin, sans avoir prévenu le curé qui, étonné et interdit, de ce manque de toutes les convenances, restait en prières, feignant de ne point s'appercevoir qu'un autre que lui élevait la voix dans la maison du Seigneur.

J'ai vu l'ami dénoncer son ami de vingt-ans, les haines élevées au plus haut degré ; des administrateurs sans expérience placés tout à coup à la tête des affaires, heurter tous les préjugés, attaquer tous les intérêts, croire qu'ils avaient tout fait en criant vive le Roi , s'occuper à persécuter bassement au lieu de chercher à ramener les Français autour du trône.

Voilà la suite nécessaire de ces prédications incendiaires; de ces fausses interprétations des mots. Voilà les abus, les excès que les ministres ont arrêtés... Voilà pourquoi ils sont suspects à MM. les honnêtes gens.

Qui veut la fin veut les moyens!..

Qui veut la paix ! veut la modération, la douceur, l'obéissance stricte aux lois, sans les-quelles il n'y aura jamais de repos en France.

CHAPITRE XXIV.

Qu'est-ce que la justice?

Ici je veux employer les paroles de M. de Châteaubriant. (Page 56.) *Pourquoi s'élève-t-il une si grande rumeur parmi une certaine classe d'hommes, lorsqu'on hasarde le mot justice ? Parce que ces hommes savent très bien que toute la question est là... Ne croyez pas qu'ils se soucient du tout de la Charte dont ils invoquent le nom. Tout ce qu'ils veulent c'est le pouvoir.*

N'est-ce pas là le secret de l'ordre ? N'est-ce pas là pourquoi un parti s'obstine à tirer le canon d'alarme au milieu de la paix et de la tranquilité publique ?...

Que veulent ces hommes qui prétendent que tout est perdu ? Ces hommes qui, à les entendre, veulent conquérir leur Roi ?

Que fait-il ce souverain qu'ils disent égaré, séduit par de perfides ministres ?

Laisse-t-il le pouvoir en des mains indignes ?...

Est-il sans fermeté ? Non , mais il tient à sa parole ; et des rebelles qui se disent des sujets soumis, osent élever une voix accusatrice contre les décisions de sa prudence.

CHAPITRE XXV.

Qu'est-ce que les honnétes gens ?

LES honnétes gens ! Voilà le mot du guet. C'est pour eux que l'ouvrage de M. de Châteaubriant est fait.

Il est difficile de dire précisément ce que sont ces *honnétes gens ;* mais il est facile de dire ce qu'ils ne sont pas.

1° Ne sont pas *honnétes gens*, tous les acquéreurs de domaines nationaux qui n'ont pas l'intention de restituer ;

2° Ceux qui desirent l'oubli du passé , la fin des réactions ;

Tous les Français qui ont fait partie des armées depuis vingt-cinq ans , depuis le maréchal de France jusqu'au tambour ;

Tous ceux qui veulent la stricte observance

de la Charte, et qui n'osent être plus royalistes que le Roi ;

Tous ceux qui, ayant émigré, règlent leurs
sentimens sur ceux de Sa Majesté ;

Car tous ces gens là veulent évidemment le
maintien des intérêts révolutionnaires, garantis
par la Charte.

J'oserai ici le demander à M. de Châteaubriant, le Roi, qui nous a donné la Charte,
et garanti par elle les intérêts révolutionnaires,
le Roi qui veut la paix, le bonheur du peuple,
l'oubli des injures, le Roi, dis-je, l'imitateur
du grand Henri, compte-t-il au nombre des
honnêtes gens ?

CONCLUSION.

Quel sentiment fait naître l'ouvrage de M. de Châteaubriant? Quelle conclusion tirer de tous ces mots arrangés avec tant d'art?

C'est qu'il existe en France un petit nombre d'hommes qui, se couvrant du manteau de la Religion, prêchent le retour de l'ordre, veulent détruire l'ordre existant pour en élever un autre.

Que cette minorité, qui ne veut que vengeance et proscriptions, cherche à réveiller tous les intérêts, à mettre toute la France en état de guerre, afin qu'on ne puisse plus s'entendre: parsuadés qu'ils sont de leur infériorité sous le règne de la loi, ces *honnétes gens* veulent, au risque de la patrie entière, une révolution nouvelle, dans laquelle ils espèrent retrouver leurs priviléges et leurs richesses, qu'ils préfèrent à tous les intérêts de la nation et de la France.

Nous ne pouvons nous le dissimuler, le gouvernail doit être tenu d'une main ferme. C'est l'intérêt de l'État tout entier qu'il faut suivre, et non les intérêts mal entendus de quelques gens qu'il faut ménager.

Pense-t-on que les quatre-vingt-dix-neuf centièmes de la nation, le Roi à leur tête et la Charte pour étendard, se laisse, menacer et vaincre par une poignée d'hommes turbulens, qui courent à leur ruine infaillible, en attaquant les droits de l'immense majorité des Français ?

Non ; la nation veut la liberté sous l'empire de la loi constitutionnelle et la monarchie légitime.

Non ; le Roi qui ne fait qu'un avec son peuple, ne connaît d'amis que ceux de la Charte et de la paix.

Son cœur n'oubliera jamais ses anciens défenseurs ; mais quand sa bonté aura essayé de ramener les hommes qui périsaient dans des égaremens dangereux, sa volonté sévère parlera, ou plutôt il laissera passer la loi.

Henri IV, le meilleur des Prince, tenta auprès de son ancien compagnon d'armes tout ce qu'il put pour lui faire sentir l'indignité de sa conduite; mais voyant que tant de bonté était inutile, Henri fit place au roi de France, et Biron fut perdu.

www.ingramcontent.com/pod-product-compliance
Lightning Source LLC
Chambersburg PA
CBHW061308050726

47594CB00004B/1596